La Cabaña de Sugar

escrito por Stacy Snyder • ilustrado por Anne Johnson

Este libro está basado en la historia real de dos animales rescatados
que se encontraron y
se convirtieron en los mejores amigos.

Sugar estaba hecha un desastre cuando conoció a sus amigas Charger y la Señora del Sombrero Rojo.

No la habían bañado ni cepillado en la vida.

La Señora del Sombrero Rojo y Charger la llevaron a su jardín de hermosas flores y allí la bañaron, la cepillaron y le recortaron la crin y la cola.

La hicieron sentir amada y aceptada.

—¡Hay que encontrarle a Sugar un lugar para quedarse! —exclamó la Señora del Sombrero Rojo. Charger corrió hacia la parte trasera del jardín donde había un viejo invernadero.

—¡Qué bien, Charger, esto es perfecto!

3

Se pusieron manos a la obra para limpiar y pintar el nuevo hogar de Sugar.

La Señora del Sombrero Rojo encontró un viejo sofá y lo colocó junto al invernadero para poder sentarse y visitar a Sugar. —A partir de ahora a este nuevo hogar le llamaremos la Cabaña de Sugar.

Con el paso del tiempo, Sugar descubrió qué se sentía ser amada.
Ya no tenía miedo de los ruidos y los movimientos.
Se sentía segura y ya no temía que le hicieran daño.

¡LA VIDA LE SONREÍA!

Una preciosa mañana con mucho sol
Sugar despertó de un sueño feliz.

Había soñado con sus padres.
Se preguntaba
dónde podían estar.

Aquella tarde, Charger fue a ver a Sugar.

—¿Me ayudarás a encontrar a mis padres? —le preguntó Sugar.

—Te ayudaré, pero no puedo demorarme mucho. No quiero que la Señora del Sombrero Rojo se preocupe por mí —respondió Charger.

—¡Fantástico! —dijo Sugar—. Primero hay que encontrar a Sticker, seguro que nos ayudará a encontrar el camino.

—¿Quién es Sticker? —preguntó Charger.

—Sticker es un amigo, una rana de árbol muy especial. Y sabe todo sobre esta área —dijo Sugar.

Al salir el sol, Charger abrió la reja que había junto a la Cabaña de Sugar y se fueron en busca de Sticker, la rana.

Cruzaron campos y ríos, y por fin...

…llegaron hasta un árbol, donde Sticker aguardaba en una rama debajo de su amigo Henry el Halcón.

Cuando Sticker vio a Sugar y a Charger saltó de alegría al estanque y nadó hasta un nenúfar para saludarlas.

Sugar dijo: —¡Me alegro muchísimo de verte!

He venido a pedirte ayuda para encontrar a mis padres.

Sticker saltó al suave lomo de Sugar y croó alegremente:

—¡Pues claro que te ayudaré y Henry el Halcón también nos echará una mano!

Como se estaba haciendo tarde
y Charger tenía que volver
con la Señora del Sombrero Rojo,
se despidió y siguió su camino.

Sabía que Sugar estaría a salvo con Sticker
y Henry aquella noche.

13

Al día siguiente,   Henry volaba alto en el cielo azul claro.

Entonces Sticker croó fuerte y le pidió:

—Henry, tú que vuelas tan alto...
Cuéntanos qué ves. Guíanos desde las alturas
y libera a los padres de Sugar de sus ataduras.

Después de dar vueltas sobre
las copas de los árboles,
Henry aterrizó en un árbol para descansar.
Allí abajo había un cuervo posado en
una rama cerca de Sticker.

—¿Y tú quién eres? —preguntó Henry.

—Soy Cranky el Cuervo.
   ¿Por qué vuelas en círculos?

—Estoy buscando a los padres de mi amiga Sugar
   —respondió Henry.

—No los encontrarás jamás —graznó el cuervo

Henry respondió con orgullo:
—Bueno, cuando pienso en cosas buenas, pasan cosas buenas.

Aquella mañana, Cranky el cuervo se unió a Henry y ambos volaron en busca de los padres de Sugar. Por la tarde, Cranky dio un fuerte chillido.

"—¡Cra, craaa!!"

«¡Ay, no! ¿Ahora qué?», pensó Henry. Pero esta vez Cranky tenía algo bueno que decir.

—Henry, he seguido tu consejo de pensar en cosas buenas y ¿sabes qué?

Me he dado cuenta de que tengo tres amigos nuevos y esto me pone feliz y no de mal humor. Espero que encuentres a los padres de Sugar y puede que mis buenos pensamientos también ayuden.

Esa noche, Sugar miró a la Luna y a la estrella Sparkle,
y relinchó suavemente:

—Ay, Luna y Sparkle que brillan en el cielo,
esta noche les pido ayuda y consuelo.

Perder a mis padres fue un horror,
ayúdenme a encontrarlos, por favor.

La Luna respondió con una sonrisa:

—Mañana mi posición cambiará
y un eclipse solar habrá.
En lo más oscuro, todo volverá a renacer
y encontrarás a tus padres: te lo puedo prometer.

Sugar siguió caminando mientras Henry volaba muy cerca.
Siguieron el camino de la luna, protegiéndose los ojos
de la brillante luz blanca del eclipse...

...y cuando el sol salió tras la sombra de la luna encontraron un cobertizo en ruinas.

Sin saber bien qué esperar,
Sugar se asomó por una ventana rota y,
para su sorpresa, allí estaban sus padres.

Parecían viejos y cansados de años
de bailar y dar brincos.

Sus padres relincharon de emoción cuando vieron a Sugar y
se les iluminó la cara de la alegría.

Sugar dijo entre sollozos:
—Mamá y papá, los he extrañado mucho.
Los llevaré a casa de la Señora del Sombrero Rojo y
su simpática perrita Charger.
Ellas los cuidarán y estaremos todos juntos de vuelta
en la Cabaña de Sugar.

Los padres de Sugar no cabían en sí de gozo
por estar de nuevo con su amada hija.

Aquella tarde, feliz de estar juntos otra vez,
planearon su viaje de regreso a la Cabaña de Sugar.

Muy pronto iniciará
la aventura.

Descubre la travesía rumbo a casa en el siguiente libro,

Sugar Vuelve a Casa

Ahora vuelve a las páginas de atrás y ve si puedes encontrar a estas simpáticas criaturitas.

STACY SNYDER se graduó en Educación Especial por la Universidad de Arizona. Vive en San Diego, California, con su marido John. Es madre de dos hijas y abuela de cuatro hermosos nietos. Su experiencia en educación y su amor por la naturaleza fueron la inspiración para este libro, tras quedar cautivada por la extraordinaria relación que entablaron una perrita y una yegua en miniatura, ambas rescatadas. El amor incondicional que se tienen es un ejemplo reconfortante de bondad.

ANNE JOHNSON se ha labrado una carrera en pintura, ilustración y bellas artes durante más de 30 años. Tiene una licenciatura por el Roanoke College seguida de una maestría en Ilustración Médica en el Medical College of Georgia. Siente un gran amor por los animales y la naturaleza y le apasionan los libros infantiles desde que era una niña. Nacida y criada en Minnesota, actualmente vive en Bélgica y es la orgullosa madre de tres adorables adolescentes, dos perros, un gato y un caballo. La cabaña de Sugar es su segundo libro con Stacy Snyder.

SUGAR es una yegua miniatura de raza Buckskin que fue rescatada. Estaba en muy mal estado cuando la adoptaron. Era asustadiza y muy nerviosa. Con paciencia y tras pasar mucho tiempo con ella, se ha convertido en una yegua cariñosa y feliz con la ayuda de su amiga Charger. Edad desconocida.

CHARGER fue adoptada cuando era una cachorrita y ahora es un perra grande y fuerte de carácter muy afable. A Charger le encanta pasear con su mejor amiga Sugar con una correa doble. También insiste en llevar gafas de sol. Charger tiene 10 años.

*Esta segunda parte está dedicada
a los hermosos hijos, nietos, primos y sobrinos que
han desempeñado un papel importante en su desarrollo.*

*Gracias al gran apoyo de esta familia tan unida y
el vínculo especial entre la autora y
la ilustradora, esta serie de libros podrá continuar.*

Queremos agradecer especialmente a los maravillosos bibliotecarios
de la biblioteca Rancho Santa Fe por su inestimable tiempo,
sus aportaciones tan meticulosas y su inagotable apoyo.

Un sincero agradecimiento
a Suria' Scheherazade y Olivia Ramos
por su incansable trabajo traduciendo
estos originales libros al español.

Muchas Gracias !